TRANZLATY

Language is for everyone

Sproget er for alle

Beauty and the Beast

Skønheden og Udyret

Gabrielle-Suzanne Barbot de Villeneuve

English / Dansk

Copyright © 2025 Tranzlaty
All rights reserved
Published by Tranzlaty
ISBN: 978-1-83566-970-9
Original text by Gabrielle-Suzanne Barbot de Villeneuve
La Belle et la Bête
First published in French in 1740
Taken from The Blue Fairy Book (Andrew Lang)
Illustration by Walter Crane
www.tranzlaty.com

There was once a rich merchant
Der var engang en rig købmand
this rich merchant had six children
denne rige købmand havde seks børn
he had three sons and three daughters
han havde tre sønner og tre døtre
he spared no cost for their education
han sparede ingen omkostninger for deres uddannelse
because he was a man of sense
fordi han var en mand med forstand
but he gave his children many servants
men han gav sine Børn mange Tjenere
his daughters were extremely pretty
hans døtre var meget smukke
and his youngest daughter was especially pretty
og hans yngste datter var særlig smuk
as a child her Beauty was already admired
som barn var hendes skønhed allerede beundret
and the people called her by her Beauty
og folket kaldte hende for hendes skønhed
her Beauty did not fade as she got older
hendes skønhed forsvandt ikke, da hun blev ældre
so the people kept calling her by her Beauty
så folk blev ved med at kalde hende for hendes skønhed
this made her sisters very jealous
det gjorde hendes søstre meget jaloux
the two eldest daughters had a great deal of pride
de to ældste døtre havde en stor stolthed
their wealth was the source of their pride
deres rigdom var kilden til deres stolthed
and they didn't hide their pride either
og de lagde heller ikke skjul på deres stolthed
they did not visit other merchants' daughters
de besøgte ikke andre købmandsdøtre
because they only meet with aristocracy
fordi de kun mødes med aristokrati

they went out every day to parties
de gik ud hver dag til fester
balls, plays, concerts, and so forth
baller, skuespil, koncerter og så videre
and they laughed at their youngest sister
og de lo af deres yngste søster
because she spent most of her time reading
fordi hun brugte det meste af sin tid på at læse
it was well known that they were wealthy
det var velkendt, at de var velhavende
so several eminent merchants asked for their hand
så adskillige fremtrædende købmænd bad om deres hånd
but they said they were not going to marry
men de sagde, at de ikke ville giftes
but they were prepared to make some exceptions
men de var parate til at gøre nogle undtagelser
"perhaps I could marry a Duke"
"måske kunne jeg gifte mig med en hertug"
"I guess I could marry an Earl"
"Jeg tror, jeg kunne gifte mig med en jarl"
Beauty very civilly thanked those that proposed to her
skønhed takkede meget borgerligt dem, der friede til hende
she told them she was still too young to marry
hun fortalte dem, at hun stadig var for ung til at gifte sig
she wanted to stay a few more years with her father
hun ville blive et par år mere hos sin far
All at once the merchant lost his fortune
Med det samme mistede købmanden sin formue
he lost everything apart from a small country house
han mistede alt bortset fra et lille landsted
and he told his children with tears in his eyes:
og han sagde til sine børn med tårer i øjnene:
"we must go to the countryside"
"vi skal på landet"
"and we must work for our living"
"og vi skal arbejde for vores levebrød"

the two eldest daughters didn't want to leave the town
de to ældste døtre ville ikke forlade byen
they had several lovers in the city
de havde flere elskere i byen
and they were sure one of their lovers would marry them
og de var sikre på, at en af deres elskere ville gifte sig med dem
they thought their lovers would marry them even with no fortune
de troede, at deres elskere ville gifte sig med dem selv uden formue
but the good ladies were mistaken
men de gode damer tog fejl
their lovers abandoned them very quickly
deres elskere forlod dem meget hurtigt
because they had no fortunes any more
fordi de ikke havde nogen formuer mere
this showed they were not actually well liked
dette viste, at de faktisk ikke var vellidte
everybody said they do not deserve to be pitied
alle sagde, at de ikke fortjener at blive medliden
"we are glad to see their pride humbled"
"vi er glade for at se deres stolthed ydmyget"
"let them be proud of milking cows"
"lad dem være stolte af at malke køer"
but they were concerned for Beauty
men de var bekymrede for skønhed
she was such a sweet creature
hun var sådan et sødt væsen
she spoke so kindly to poor people
hun talte så venligt til fattige mennesker
and she was of such an innocent nature
og hun var af sådan en uskyldig natur
Several gentlemen would have married her
Flere herrer ville have giftet sig med hende
they would have married her even though she was poor

de ville have giftet sig med hende, selvom hun var fattig
but she told them she couldn't marry them
men hun fortalte dem, at hun ikke kunne gifte sig med dem
because she would not leave her father
fordi hun ikke ville forlade sin far
she was determined to go with him to the countryside
hun var fast besluttet på at tage med ham på landet
so that she could comfort and help him
så hun kunne trøste og hjælpe ham
Poor Beauty was very grieved at first
Den stakkels skønhed var meget bedrøvet i begyndelsen
she was grieved by the loss of her fortune
hun var bedrøvet over tabet af sin formue
"but crying won't change my fortunes"
"men at græde vil ikke ændre min formue"
"I must try to make myself happy without wealth"
"Jeg må prøve at gøre mig selv lykkelig uden rigdom"
they came to their country house
de kom til deres landsted
and the merchant and his three sons applied themselves to husbandry
og købmanden og hans tre sønner gav sig til at dyrke landbrug
Beauty rose at four in the morning
skønhed steg klokken fire om morgenen
and she hurried to clean the house
og hun skyndte sig at gøre huset rent
and she made sure dinner was ready
og hun sørgede for, at aftensmaden var klar
in the beginning she found her new life very difficult
i begyndelsen fandt hun sit nye liv meget svært
because she had not been used to such work
fordi hun ikke havde været vant til et sådant arbejde
but in less than two months she grew stronger
men på mindre end to måneder blev hun stærkere
and she was healthier than ever before

og hun var sundere end nogensinde før
after she had done her work she read
efter at hun havde gjort sit arbejde læste hun
she played on the harpsichord
hun spillede på cembalo
or she sung whilst she spun silk
eller hun sang, mens hun spinde silke
on the contrary, her two sisters did not know how to spend their time
tværtimod vidste hendes to søstre ikke, hvordan de skulle bruge deres tid
they got up at ten and did nothing but laze about all day
de stod op klokken ti og lavede ikke andet end at dase hele dagen
they lamented the loss of their fine clothes
de beklagede tabet af deres fine klæder
and they complained about losing their acquaintances
og de klagede over at miste deres bekendte
"Have a look at our youngest sister," they said to each other
"Se på vores yngste søster," sagde de til hinanden
"what a poor and stupid creature she is"
"sikke et fattigt og dumt væsen hun er"
"it is mean to be content with so little"
"det er ondt at være tilfreds med så lidt"
the kind merchant was of quite a different opinion
den venlige købmand var af en helt anden mening
he knew very well that Beauty outshone her sisters
han vidste godt, at skønheden overstrålede hendes søstre
she outshone them in character as well as mind
hun overstrålede dem i karakter såvel som sind
he admired her humility and her hard work
han beundrede hendes ydmyghed og hendes hårde arbejde
but most of all he admired her patience
men mest af alt beundrede han hendes tålmodighed
her sisters left her all the work to do
hendes søstre efterlod hende alt arbejdet at udføre

and they insulted her every moment
og de fornærmede hende hvert øjeblik
The family had lived like this for about a year
Familien havde levet sådan i omkring et år
then the merchant got a letter from an accountant
så fik købmanden et brev fra en bogholder
he had an investment in a ship
han havde en investering i et skib
and the ship had safely arrived
og skibet var kommet sikkert frem
this news turned the heads of the two eldest daughters
t hans nyhed vendte hovedet på de to ældste døtre
they immediately had hopes of returning to town
de havde straks håb om at vende tilbage til byen
because they were quite weary of country life
fordi de var ret trætte af livet på landet
they went to their father as he was leaving
de gik til deres far, da han var på vej
they begged him to buy them new clothes
de bad ham købe nyt tøj til dem
dresses, ribbons, and all sorts of little things
kjoler, bånd og alle mulige småting
but Beauty asked for nothing
men skønheden bad om intet
because she thought the money wasn't going to be enough
fordi hun troede, at pengene ikke ville række
there wouldn't be enough to buy everything her sisters wanted
der ville ikke være nok til at købe alt, hvad hendes søstre ville have
"What would you like, Beauty?" asked her father
"Hvad vil du have, skønhed?" spurgte hendes far
"thank you, father, for the goodness to think of me," she said
"tak, far, for godheden at tænke på mig," sagde hun
"father, be so kind as to bring me a rose"
"far, vær så venlig at bringe mig en rose"

"because no roses grow here in the garden"
"for der vokser ingen roser her i haven"
"and roses are a kind of rarity"
"og roser er en slags sjældenhed"
Beauty didn't really care for roses
skønhed brød sig ikke rigtig om roser
she only asked for something not to condemn her sisters
hun bad kun om noget for ikke at fordømme sine søstre
but her sisters thought she asked for roses for other reasons
men hendes søstre mente, at hun bad om roser af andre grunde
"she did it just to look particular"
"hun gjorde det bare for at se bestemt ud"
The kind man went on his journey
Den venlige mand gik på sin rejse
but when he arrived they argued about the merchandise
men da han kom, skændtes de om varen
and after a lot of trouble he came back as poor as before
og efter megen besvær kom han tilbage så fattig som før
he was within a couple of hours of his own house
han var inden for et par timer fra sit eget hus
and he already imagined the joy of seeing his children
og han forestillede sig allerede glæden ved at se sine børn
but when going through forest he got lost
men da han gik gennem skoven, gik han vild
it rained and snowed terribly
det regnede og sneede frygteligt
the wind was so strong it threw him off his horse
vinden var så stærk, at den kastede ham af hesten
and night was coming quickly
og natten kom hurtigt
he began to think that he might starve
han begyndte at tænke på, at han kunne sulte
and he thought that he might freeze to death
og han troede, at han kunde fryse ihjel
and he thought wolves may eat him

og han troede, at ulve kunne æde ham
the wolves that he heard howling all round him
ulvene, som han hørte hyle rundt om sig
but all of a sudden he saw a light
men pludselig så han et lys
he saw the light at a distance through the trees
han så lyset på afstand gennem træerne
when he got closer he saw the light was a palace
da han kom nærmere, så han, at lyset var et palads
the palace was illuminated from top to bottom
paladset var oplyst fra top til bund
the merchant thanked God for his luck
købmanden takkede Gud for hans held
and he hurried to the palace
og han skyndte sig til slottet
but he was surprised to see no people in the palace
men han var overrasket over at se ingen mennesker i paladset
the court yard was completely empty
gårdspladsen var helt tom
and there was no sign of life anywhere
og der var ingen tegn på liv nogen steder
his horse followed him into the palace
hans hest fulgte ham ind i paladset
and then his horse found large stable
og så fandt hans hest stor stald
the poor animal was almost famished
det stakkels dyr var næsten udsultet
so his horse went in to find hay and oats
så hans hest gik ind for at finde hø og havre
fortunately he found plenty to eat
heldigvis fandt han rigeligt at spise
and the merchant tied his horse up to the manger
og købmanden bandt sin hest til krybben
walking towards the house he saw no one
da han gik hen mod huset, så han ingen
but in a large hall he found a good fire

men i en stor hal fandt han en god ild
and he found a table set for one
og han fandt et bord dækket til en
he was wet from the rain and snow
han var våd af regn og sne
so he went near the fire to dry himself
så han gik hen til ilden for at tørre sig
"I hope the master of the house will excuse me"
"Jeg håber, at husets herre vil undskylde mig"
"I suppose it won't take long for someone to appear"
"Jeg formoder, at det ikke tager lang tid, før nogen dukker op"
He waited a considerable time
Han ventede længe
he waited until it struck eleven, and still nobody came
han ventede til klokken slog elleve, og der kom stadig ingen
at last he was so hungry that he could wait no longer
til sidst var han så sulten, at han ikke kunne vente mere
he took some chicken and ate it in two mouthfuls
han tog noget kylling og spiste det i to mundfulde
he was trembling while eating the food
han rystede, mens han spiste maden
after this he drank a few glasses of wine
herefter drak han et par glas vin
growing more courageous he went out of the hall
da han blev modigere, gik han ud af salen
and he crossed through several grand halls
og han krydsede flere store sale
he walked through the palace until he came into a chamber
han gik gennem paladset, indtil han kom ind i et kammer
a chamber which had an exceeding good bed in it
et kammer, som havde en overordentlig god seng i sig
he was very much fatigued from his ordeal
han var meget træt af sin prøvelse
and the time was already past midnight
og klokken var allerede over midnat
so he decided it was best to shut the door

så han besluttede, at det var bedst at lukke døren
and he concluded he should go to bed
og han konkluderede, at han skulle gå i seng
It was ten in the morning when the merchant woke up
Klokken var ti om morgenen, da købmanden vågnede
just as he was going to rise he saw something
lige da han skulle rejse sig, så han noget
he was astonished to see a clean set of clothes
han var forbavset over at se et rent sæt tøj
in the place where he had left his dirty clothes
på det sted, hvor han havde efterladt sit snavsede tøj
"certainly this palace belongs to some kind fairy"
"Dette palads tilhører bestemt en slags fe"
"a fairy who has seen and pitied me"
" en fe, der har set og haft ondt af mig"
he looked through a window
han kiggede gennem et vindue
but instead of snow he saw the most delightful garden
men i stedet for sne så han den dejligste have
and in the garden were the most beautiful roses
og i haven var de smukkeste roser
he then returned to the great hall
han vendte så tilbage til den store sal
the hall where he had had soup the night before
salen, hvor han havde fået suppe aftenen før
and he found some chocolate on a little table
og han fandt noget chokolade på et lille bord
"Thank you, good Madam Fairy," he said aloud
"Tak, gode Madam Fairy," sagde han højt
"thank you for being so caring"
"tak fordi du er så omsorgsfuld"
"I am extremely obliged to you for all your favours"
"Jeg er yderst taknemmelig over for dig for alle dine tjenester"
the kind man drank his chocolate
den venlige mand drak sin chokolade
and then he went to look for his horse

og så gik han for at lede efter sin hest
but in the garden he remembered Beauty's request
men i haven huskede han skønhedens anmodning
and he cut off a branch of roses
og han skar en gren af roser af
immediately he heard a great noise
straks hørte han en stor larm
and he saw a terribly frightful Beast
og han så et frygteligt dyr
he was so scared that he was ready to faint
han var så bange, at han var klar til at besvime
"You are very ungrateful," said the Beast to him
"Du er meget utaknemmelig," sagde udyret til ham
and the Beast spoke in a terrible voice
og dyret talte med en frygtelig røst
"I have saved your life by allowing you into my castle"
"Jeg har reddet dit liv ved at give dig adgang til mit slot"
"and for this you steal my roses in return?"
"og for dette stjæler du mine roser til gengæld?"
"The roses which I value beyond anything"
"Roserne, som jeg værdsætter mere end noget"
"but you shall die for what you've done"
"men du skal dø for det du har gjort"
"I give you but a quarter of an hour to prepare yourself"
"Jeg giver dig kun et kvarter til at forberede dig"
"get yourself ready for death and say your prayers"
"gør dig klar til døden og bed dine bønner"
the merchant fell on his knees
købmanden faldt på knæ
and he lifted up both his hands
og han løftede begge sine hænder
"My lord, I beseech you to forgive me"
"Min herre, jeg beder dig tilgive mig"
"I had no intention of offending you"
"Jeg havde ikke til hensigt at fornærme dig"
"I gathered a rose for one of my daughters"

"Jeg samlede en rose til en af mine døtre"
"she asked me to bring her a rose"
"hun bad mig om at bringe hende en rose"
"I am not your lord, but I am a Beast," replied the monster
"Jeg er ikke din herre, men jeg er et udyr," svarede monsteret
"I don't love compliments"
"Jeg elsker ikke komplimenter"
"I like people who speak as they think"
"Jeg kan godt lide folk, der taler, som de tror"
"do not imagine I can be moved by flattery"
"forestil dig ikke, at jeg kan blive rørt af smiger"
"But you say you have got daughters"
"Men du siger, du har fået døtre"
"I will forgive you on one condition"
"Jeg vil tilgive dig på én betingelse"
"one of your daughters must come to my palace willingly"
"en af dine døtre må gerne komme til mit palads"
"and she must suffer for you"
"og hun må lide for dig"
"Let me have your word"
"Lad mig få dit ord"
"and then you can go about your business"
"og så kan du gå i gang med din virksomhed"
"Promise me this:"
"Lov mig dette:"
"if your daughter refuses to die for you, you must return within three months"
"hvis din datter nægter at dø for dig, skal du vende tilbage inden for tre måneder"
the merchant had no intentions to sacrifice his daughters
købmanden havde ingen intentioner om at ofre sine døtre
but, since he was given time, he wanted to see his daughters once more
men da han fik Tid, vilde han endnu engang se sine Døtre
so he promised he would return
så han lovede at vende tilbage

and the Beast told him he might set out when he pleased
og udyret sagde til ham, at han måtte drage af sted, når det ville
and the Beast told him one more thing
og udyret fortalte ham en ting mere
"you shall not depart empty handed"
"du skal ikke gå tomhændet"
"go back to the room where you lay"
"gå tilbage til rummet hvor du lå"
"you will see a great empty treasure chest"
"du vil se en stor tom skattekiste"
"fill the treasure chest with whatever you like best"
"fyld skattekisten med hvad du bedst kan lide"
"and I will send the treasure chest to your home"
"og jeg sender skattekisten til dit hjem"
and at the same time the Beast withdrew
og i det samme trak dyret sig tilbage
"Well," said the good man to himself
"Nå," sagde den gode mand til sig selv
"if I must die, I shall at least leave something to my children"
"hvis jeg skal dø, skal jeg i det mindste efterlade noget til mine børn"
so he returned to the bedchamber
så han vendte tilbage til sengekammeret
and he found a great many pieces of gold
og han fandt mange guldstykker
he filled the treasure chest the Beast had mentioned
han fyldte den skattekiste, som dyret havde nævnt
and he took his horse out of the stable
og han tog sin hest ud af stalden
the joy he felt when entering the palace was now equal to the grief he felt leaving it
den glæde, han følte, da han gik ind i paladset, var nu lig med den sorg, han følte ved at forlade det
the horse took one of the roads of the forest

hesten tog en af skovens veje
and in a few hours the good man was home
og om et par timer var den gode mand hjemme
his children came to him
hans børn kom til ham
but instead of receiving their embraces with pleasure, he looked at them
men i stedet for at modtage deres omfavnelser med glæde, så han på dem
he held up the branch he had in his hands
han holdt den gren op, han havde i hænderne
and then he burst into tears
og så brast han i gråd
"Beauty," he said, "please take these roses"
"skønhed," sagde han, "tak venligst disse roser"
"you can't know how costly these roses have been"
"du kan ikke vide, hvor dyre disse roser har været"
"these roses have cost your father his life"
"disse roser har kostet din far livet"
and then he told of his fatal adventure
og så fortalte han om sit fatale eventyr
immediately the two eldest sisters cried out
straks råbte de to ældste søstre
and they said many mean things to their beautiful sister
og de sagde mange slemme ting til deres smukke søster
but Beauty did not cry at all
men skønheden græd slet ikke
"Look at the pride of that little wretch," said they
"Se på den lille stakkels stolthed," sagde de
"she did not ask for fine clothes"
"hun bad ikke om fint tøj"
"she should have done what we did"
"hun skulle have gjort, hvad vi gjorde"
"she wanted to distinguish herself"
"hun ville udmærke sig"
"so now she will be the death of our father"

"så nu vil hun være vores fars død"
"and yet she does not shed a tear"
"og alligevel fælder hun ikke en tåre"
"Why should I cry?" answered Beauty
"Hvorfor skulle jeg græde?" svarede skønhed
"crying would be very needless"
"det ville være meget unødvendigt at græde"
"my father will not suffer for me"
"min far vil ikke lide for mig"
"the monster will accept of one of his daughters"
"monstret vil acceptere en af sine døtre"
"I will offer myself up to all his fury"
"Jeg vil ofre mig til al hans vrede"
"I am very happy, because my death will save my father's life"
"Jeg er meget glad, for min død vil redde min fars liv"
"my death will be a proof of my love"
"min død vil være et bevis på min kærlighed"
"No, sister," said her three brothers
"Nej, søster," sagde hendes tre brødre
"that shall not be"
"det skal ikke være"
"we will go find the monster"
"vi skal finde monsteret"
"and either we will kill him..."
"og enten slår vi ham ihjel..."
"... or we will perish in the attempt"
"... ellers går vi til grunde i forsøget"
"Do not imagine any such thing, my sons," said the merchant
"Forestil dig ikke noget sådant, mine sønner," sagde købmanden
"the Beast's power is so great that I have no hope you could overcome him"
"dyrets magt er så stor, at jeg ikke har noget håb om, at du kunne overvinde ham"
"I am charmed with Beauty's kind and generous offer"

"Jeg er charmeret over skønhedens venlige og generøse tilbud"
"but I cannot accept to her generosity"
"men jeg kan ikke acceptere hendes generøsitet"
"I am old, and I don't have long to live"
"Jeg er gammel, og jeg har ikke længe at leve"
"so I can only loose a few years"
"så jeg kan kun tabe et par år"
"time which I regret for you, my dear children"
"tid, som jeg fortryder for jer, mine kære børn"
"But father," said Beauty
"Men far," sagde skønhed
"you shall not go to the palace without me"
"du må ikke gå til paladset uden mig"
"you cannot stop me from following you"
"du kan ikke forhindre mig i at følge dig"
nothing could convince Beauty otherwise
intet kunne overbevise skønhed ellers
she insisted on going to the fine palace
hun insisterede på at tage til det fine palads
and her sisters were delighted at her insistence
og hendes søstre var henrykte over hendes insisteren
The merchant was worried at the thought of losing his daughter
Købmanden var bekymret ved tanken om at miste sin datter
he was so worried that he had forgotten about the chest full of gold
han var så bekymret, at han havde glemt kisten fuld af guld
at night he retired to rest, and he shut his chamber door
om natten trak han sig tilbage for at hvile, og han lukkede sin kammerdør
then, to his great astonishment, he found the treasure by his bedside
så fandt han til sin store forbavselse skatten ved sin seng
he was determined not to tell his children
han var fast besluttet på ikke at fortælle det til sine børn
if they knew, they would have wanted to return to town

hvis de vidste det, ville de have ønsket at vende tilbage til
byen
and he was resolved not to leave the countryside
og han var fast besluttet på ikke at forlade landet
but he trusted Beauty with the secret
men han betroede skønheden med hemmeligheden
she informed him that two gentlemen had came
hun meddelte ham, at der var kommet to herrer
and they made proposals to her sisters
og de stillede forslag til hendes søstre
she begged her father to consent to their marriage
hun tryglede sin far om at samtykke til deres ægteskab
and she asked him to give them some of his fortune
og hun bad ham give dem noget af sin formue
she had already forgiven them
hun havde allerede tilgivet dem
the wicked creatures rubbed their eyes with onions
de onde skabninger gned deres øjne med løg
to force some tears when they parted with their sister
at tvinge nogle tårer, da de skiltes med deres søster
but her brothers really were concerned
men hendes brødre var virkelig bekymrede
Beauty was the only one who did not shed any tears
skønhed var den eneste, der ikke fældede nogen tårer
she did not want to increase their uneasiness
hun ønskede ikke at øge deres uro
the horse took the direct road to the palace
hesten tog den direkte vej til paladset
and towards evening they saw the illuminated palace
og henimod aften så de det oplyste palads
the horse took himself into the stable again
hesten tog sig selv ind i stalden igen
and the good man and his daughter went into the great hall
og den gode mand og hans datter gik ind i den store sal
here they found a table splendidly served up
her fandt de et flot serveret bord

the merchant had no appetite to eat
købmanden havde ingen lyst til at spise
but Beauty endeavoured to appear cheerful
men skønheden søgte at fremstå munter
she sat down at the table and helped her father
hun satte sig ved bordet og hjalp sin far
but she also thought to herself:
men hun tænkte også ved sig selv:
"Beast surely wants to fatten me before he eats me"
"dyret vil helt sikkert fede mig, før det spiser mig"
"that is why he provides such plentiful entertainment"
"det er derfor, han giver så rigelig underholdning"
after they had eaten they heard a great noise
efter at de havde spist, hørte de en stor larm
and the merchant bid his unfortunate child farewell, with tears in his eyes
og købmanden tog afsked med sit ulykkelige barn med tårer i øjnene
because he knew the Beast was coming
fordi han vidste, at udyret kom
Beauty was terrified at his horrid form
skønheden var rædselsslagen over hans rædselsfulde skikkelse
but she took courage as well as she could
men hun tog Mod til sig, saa godt hun kunde
and the monster asked her if she came willingly
og uhyret spurgte hende, om hun kom villigt
"yes, I have come willingly," she said trembling
"Ja, jeg er kommet gerne," sagde hun skælvende
the Beast responded, "You are very good"
udyret svarede: "Du er meget god"
"and I am greatly obliged to you; honest man"
"og jeg er dig meget taknemmelig, ærlig mand"
"go your ways tomorrow morning"
"gå dine veje i morgen tidlig"
"but never think of coming here again"

"men tænk aldrig på at komme her igen"
"Farewell Beauty, farewell Beast," he answered
"Farvel skønhed, afskedsdyr," svarede han
and immediately the monster withdrew
og straks trak monsteret sig tilbage
"Oh, daughter," said the merchant
"Åh, datter," sagde købmanden
and he embraced his daughter once more
og han omfavnede sin datter endnu en gang
"I am almost frightened to death"
"Jeg er næsten dødsangst"
"believe me, you had better go back"
"tro mig, du må hellere gå tilbage"
"let me stay here, instead of you"
"lad mig blive her i stedet for dig"
"No, father," said Beauty, in a resolute tone
"Nej, far," sagde skønhed i en resolut tone
"you shall set out tomorrow morning"
"du skal afsted i morgen tidlig"
"leave me to the care and protection of providence"
"overlad mig til forsynets omsorg og beskyttelse"
nonetheless they went to bed
ikke desto mindre gik de i seng
they thought they would not close their eyes all night
de troede, at de ikke ville lukke øjnene hele natten
but just as they lay down they slept
men lige som de lagde sig, sov de
Beauty dreamed a fine lady came and said to her:
skønhed drømte en fin dame kom og sagde til hende:
"I am content, Beauty, with your good will"
"Jeg er tilfreds, skønhed, med din gode vilje"
"this good action of yours shall not go unrewarded"
"Denne gode handling skal ikke forblive ubelønnet"
Beauty waked and told her father her dream
skønhed vågnede og fortalte sin far sin drøm
the dream helped to comfort him a little

drømmen var med til at trøste ham lidt
but he could not help crying bitterly as he was leaving
men han kunne ikke lade være med at græde bittert, da han gik
as soon as he was gone, Beauty sat down in the great hall and cried too
så snart han var væk, satte skønheden sig i den store sal og græd også
but she resolved not to be uneasy
men hun besluttede sig for ikke at være urolig
she decided to be strong for the little time she had left to live
hun besluttede at være stærk i den lille tid, hun havde tilbage at leve
because she firmly believed the Beast would eat her
fordi hun troede fuldt og fast på, at udyret ville æde hende
however, she thought she might as well explore the palace
dog tænkte hun, at hun lige så godt kunne udforske paladset
and she wanted to view the fine castle
og hun ville se det fine slot
a castle which she could not help admiring
et slot, som hun ikke kunne lade være med at beundre
it was a delightfully pleasant palace
det var et dejligt behageligt palads
and she was extremely surprised at seeing a door
og hun var meget overrasket over at se en dør
and over the door was written that it was her room
og over døren stod der skrevet, at det var hendes værelse
she opened the door hastily
hun åbnede hastigt døren
and she was quite dazzled with the magnificence of the room
og hun var ret forblændet af rummets storhed
what chiefly took up her attention was a large library
det, der først og fremmest optog hendes opmærksomhed, var et stort bibliotek
a harpsichord and several music books

en cembalo og flere nodebøger
"Well," said she to herself
"Nå," sagde hun til sig selv
"I see the Beast will not let my time hang heavy"
"Jeg kan se, at udyret ikke vil lade min tid hænge tungt"
then she reflected to herself about her situation
så reflekterede hun for sig selv over sin situation
"If I was meant to stay a day all this would not be here"
"Hvis det var meningen, at jeg skulle blive en dag, ville alt dette ikke være her"
this consideration inspired her with fresh courage
denne betragtning inspirerede hende med nyt mod
and she took a book from her new library
og hun tog en bog fra sit nye bibliotek
and she read these words in golden letters:
og hun læste disse ord med gyldne bogstaver:
"Welcome Beauty, banish fear"
"Velkommen skønhed, forvis frygt"
"You are queen and mistress here"
"Du er dronning og elskerinde her"
"Speak your wishes, speak your will"
"Sig dine ønsker, sig din vilje"
"Swift obedience meets your wishes here"
"Hurtig lydighed opfylder dine ønsker her"
"Alas," said she, with a sigh
"Ak," sagde hun med et suk
"Most of all I wish to see my poor father"
"Mest af alt ønsker jeg at se min stakkels far"
"and I would like to know what he is doing"
"og jeg vil gerne vide, hvad han laver"
As soon as she had said this she noticed the mirror
Så snart hun havde sagt dette, lagde hun mærke til spejlet
to her great amazement she saw her own home in the mirror
til sin store forbavselse så hun sit eget hjem i spejlet
her father arrived emotionally exhausted
hendes far ankom følelsesmæssigt udmattet

her sisters went to meet him
hendes søstre gik ham i møde
despite their attempts to appear sorrowful, their joy was visible
på trods af deres forsøg på at fremstå sorgfulde, var deres glæde synlig
a moment later everything disappeared
et øjeblik efter forsvandt alt
and Beauty's apprehensions disappeared too
og skønhedens betænkeligheder forsvandt også
for she knew she could trust the Beast
for hun vidste, at hun kunne stole på dyret
At noon she found dinner ready
Ved middagstid fandt hun aftensmaden klar
she sat herself down at the table
hun satte sig ved bordet
and she was entertained with a concert of music
og hun blev underholdt med en musikkoncert
although she couldn't see anybody
selvom hun ikke kunne se nogen
at night she sat down for supper again
om natten satte hun sig til aftensmad igen
this time she heard the noise the Beast made
denne gang hørte hun den larm, dyret lavede
and she could not help being terrified
og hun kunne ikke lade være med at blive rædselsslagen
"Beauty," said the monster
"skønhed," sagde monsteret
"do you allow me to eat with you?"
"tillader du mig at spise med dig?"
"do as you please," Beauty answered trembling
"gør som du vil," svarede skønheden skælvende
"No," replied the Beast
"Nej," svarede udyret
"you alone are mistress here"
"Du alene er elskerinde her"

"you can send me away if I'm troublesome"
"du kan sende mig væk, hvis jeg er besværlig"
"send me away and I will immediately withdraw"
"send mig væk, og jeg trækker mig straks"
"But, tell me; do you not think I am very ugly?"
"Men sig mig, synes du ikke, jeg er meget grim?"
"That is true," said Beauty
"Det er sandt," sagde skønhed
"I cannot tell a lie"
"Jeg kan ikke lyve"
"but I believe you are very good natured"
"men jeg tror du er meget godmodig"
"I am indeed," said the monster
"Det er jeg sandelig," sagde monsteret
"But apart from my ugliness, I also have no sense"
"Men bortset fra min grimhed, så har jeg heller ingen forstand"
"I know very well that I am a silly creature"
"Jeg ved godt, at jeg er et fjollet væsen"
"It is no sign of folly to think so," replied Beauty
"Det er intet tegn på dårskab at tænke sådan," svarede skønhed
"Eat then, Beauty," said the monster
"Spis da, skønhed," sagde monsteret
"try to amuse yourself in your palace"
"Prøv at more dig selv i dit palads"
"everything here is yours"
"alt her er dit"
"and I would be very uneasy if you were not happy"
"og jeg ville være meget urolig, hvis du ikke var glad"
"You are very obliging," answered Beauty
"Du er meget imødekommende," svarede skønhed
"I admit I am pleased with your kindness"
"Jeg indrømmer, at jeg er glad for din venlighed"
"and when I consider your kindness, I hardly notice your deformities"
"og når jeg tænker på din venlighed, lægger jeg næsten ikke

mærke til dine misdannelser"
"Yes, yes," said the Beast, "my heart is good
"Ja, ja," sagde udyret, "mit hjerte er godt
"but although I am good, I am still a monster"
"men selvom jeg er god, er jeg stadig et monster"
"There are many men that deserve that name more than you"
"Der er mange mænd, der fortjener det navn mere end dig"
"and I prefer you just as you are"
"og jeg foretrækker dig lige som du er"
"and I prefer you more than those who hide an ungrateful heart"
"og jeg foretrækker dig mere end dem, der skjuler et utaknemmeligt hjerte"
"if only I had some sense," replied the Beast
"hvis jeg bare havde lidt forstand," svarede udyret
"if I had sense I would make a fine compliment to thank you"
"hvis jeg havde fornuft, ville jeg give et fint kompliment for at takke dig"
"but I am so dull"
"men jeg er så kedelig"
"I can only say I am greatly obliged to you"
"Jeg kan kun sige, at jeg er meget taknemmelig over for dig"
Beauty ate a hearty supper
skønhed spiste en solid aftensmad
and she had almost conquered her dread of the monster
og hun havde næsten overvundet sin frygt for uhyret
but she wanted to faint when the Beast asked her the next question
men hun ville besvime, da udyret stillede hende det næste spørgsmål
"Beauty, will you be my wife?"
"skønhed, vil du være min kone?"
she took some time before she could answer
hun tog noget tid, før hun kunne svare
because she was afraid of making him angry

fordi hun var bange for at gøre ham vred
at last, however, she said "no, Beast"
til sidst sagde hun dog "nej, udyr"
immediately the poor monster hissed very frightfully
straks hvæsede det stakkels monster meget forfærdeligt
and the whole palace echoed
og hele paladset genlød
but Beauty soon recovered from her fright
men skønheden kom sig hurtigt over sin forskrækkelse
because Beast spoke again in a mournful voice
fordi udyret talte igen med en sørgelig stemme
"then farewell, Beauty"
"så farvel, skønhed"
and he only turned back now and then
og han vendte kun tilbage nu og da
to look at her as he went out
at se på hende, mens han gik ud
now Beauty was alone again
nu var skønheden atter alene
she felt a great deal of compassion
hun følte en stor medfølelse
"Alas, it is a thousand pities"
"Ak, det er tusind synd"
"anything so good natured should not be so ugly"
"alt så godmodigt burde ikke være så grimt"
Beauty spent three months very contentedly in the palace
skønhed tilbragte tre måneder meget tilfreds i paladset
every evening the Beast paid her a visit
hver aften aflagde dyret hende et besøg
and they talked during supper
og de talte sammen under aftensmaden
they talked with common sense
de talte med sund fornuft
but they didn't talk with what people call wittiness
men de talte ikke med, hvad folk kalder vittighed
Beauty always discovered some valuable character in the

Beast
skønhed opdagede altid en værdifuld karakter i udyret
and she had gotten used to his deformity
og hun havde vænnet sig til hans misdannelse
she didn't dread the time of his visit anymore
hun frygtede ikke længere tidspunktet for hans besøg
now she often looked at her watch
nu så hun ofte på sit ur
and she couldn't wait for it to be nine o'clock
og hun kunne ikke vente til klokken blev ni
because the Beast never missed coming at that hour
fordi udyret aldrig savnede at komme i den time
there was only one thing that concerned Beauty
der var kun én ting, der vedrørte skønhed
every night before she went to bed the Beast asked her the same question
hver aften før hun gik i seng, stillede udyret hende det samme spørgsmål
the monster asked her if she would be his wife
monsteret spurgte hende, om hun ville være hans kone
one day she said to him, "Beast, you make me very uneasy"
en dag sagde hun til ham, "dyr, du gør mig meget utryg"
"I wish I could consent to marry you"
"Jeg ville ønske, jeg kunne give samtykke til at gifte mig med dig"
"but I am too sincere to make you believe I would marry you"
"men jeg er for oprigtig til at få dig til at tro, at jeg ville gifte mig med dig"
"our marriage will never happen"
"vores ægteskab vil aldrig ske"
"I shall always see you as a friend"
"Jeg vil altid se dig som en ven"
"please try to be satisfied with this"
"Prøv venligst at være tilfreds med dette"
"I must be satisfied with this," said the Beast

"Det må jeg være tilfreds med," sagde udyret
"I know my own misfortune"
"Jeg kender min egen ulykke"
"but I love you with the tenderest affection"
"men jeg elsker dig med den ømmeste hengivenhed"
"However, I ought to consider myself as happy"
"Men jeg burde betragte mig selv som lykkelig"
"and I should be happy that you will stay here"
"og jeg skulle være glad for, at du bliver her"
"promise me never to leave me"
"lov mig aldrig at forlade mig"
Beauty blushed at these words
skønheden rødmede ved disse ord
one day Beauty was looking in her mirror
en dag kiggede skønheden i sit spejl
her father had worried himself sick for her
hendes far havde bekymret sig syg for hende
she longed to see him again more than ever
hun længtes mere end nogensinde efter at se ham igen
"I could promise never to leave you entirely"
"Jeg kunne love aldrig at forlade dig helt"
"but I have so great a desire to see my father"
"men jeg har så stort et ønske om at se min far"
"I would be impossibly upset if you say no"
"Jeg ville være umuligt ked af det, hvis du siger nej"
"I had rather die myself," said the monster
"Jeg ville hellere dø selv," sagde monsteret
"I would rather die than make you feel uneasiness"
"Jeg vil hellere dø end at få dig til at føle ubehag"
"I will send you to your father"
"Jeg sender dig til din far"
"you shall remain with him"
"du skal blive hos ham"
"and this unfortunate Beast will die with grief instead"
"og dette uheldige udyr vil dø af sorg i stedet"
"No," said Beauty, weeping

"Nej," sagde skønheden og græd
"I love you too much to be the cause of your death"
"Jeg elsker dig for højt til at være årsagen til din død"
"I give you my promise to return in a week"
"Jeg giver dig mit løfte om at vende tilbage om en uge"
"You have shown me that my sisters are married"
"Du har vist mig, at mine søstre er gift"
"and my brothers have gone to the army"
"og mine brødre er gået til hæren"
"let me stay a week with my father, as he is alone"
"lad mig blive en uge hos min far, da han er alene"
"You shall be there tomorrow morning," said the Beast
"Du skal være der i morgen tidlig," sagde udyret
"but remember your promise"
"men husk dit løfte"
"You need only lay your ring on a table before you go to bed"
"Du behøver kun lægge din ring på et bord, før du går i seng"
"and then you will be brought back before the morning"
"og så bliver du bragt tilbage inden morgenen"
"Farewell dear Beauty," sighed the Beast
"Farvel kære skønhed," sukkede udyret
Beauty went to bed very sad that night
skønhed gik meget trist i seng den aften
because she didn't want to see Beast so worried
fordi hun ikke ville se udyret så bekymret
the next morning she found herself at her father's home
næste morgen befandt hun sig i sin fars hjem
she rung a little bell by her bedside
hun ringede med en lille klokke ved sin seng
and the maid gave a loud shriek
og tjenestepigen gav et højt skrig
and her father ran upstairs
og hendes far løb ovenpå
he thought he was going to die with joy
han troede, han skulle dø af glæde

he held her in his arms for quarter of an hour
han holdt hende i sine arme i et kvarter
eventually the first greetings were over
til sidst var de første hilsener forbi
Beauty began to think of getting out of bed
skønhed begyndte at tænke på at komme ud af sengen
but she realized she had brought no clothes
men hun indså, at hun ikke havde medbragt noget tøj
but the maid told her she had found a box
men tjenestepigen fortalte hende, at hun havde fundet en æske
the large trunk was full of gowns and dresses
den store bagagerum var fuld af kjoler og kjoler
each gown was covered with gold and diamonds
hver kjole var beklædt med guld og diamanter
Beauty thanked Beast for his kind care
skønheden takkede dyret for hans venlige omsorg
and she took one of the plainest of the dresses
og hun tog en af de mest almindelige kjoler
she intended to give the other dresses to her sisters
hun havde til hensigt at give de andre kjoler til sine søstre
but at that thought the chest of clothes disappeared
men ved den tanke forsvandt tøjskrinet
Beast had insisted the clothes were for her only
Beast havde insisteret på, at tøjet kun var til hende
her father told her that this was the case
hendes far fortalte hende, at det var tilfældet
and immediately the trunk of clothes came back again
og straks kom tøjstammen tilbage igen
Beauty dressed herself with her new clothes
skønheden klædte sig selv med sit nye tøj
and in the meantime maids went to find her sisters
og i mellemtiden gik tjenestepigerne for at finde hendes søstre
both her sister were with their husbands
begge hendes søster var sammen med deres mænd
but both her sisters were very unhappy
men begge hendes søstre var meget ulykkelige

her eldest sister had married a very handsome gentleman
hendes ældste søster havde giftet sig med en meget smuk herre
but he was so fond of himself that he neglected his wife
men han var så glad for sig selv, at han forsømte sin kone
her second sister had married a witty man
hendes anden søster havde giftet sig med en vittig mand
but he used his wittiness to torment people
men han brugte sit vidnesbyrd til at plage folk
and he tormented his wife most of all
og han plagede sin kone mest af alt
Beauty's sisters saw her dressed like a princess
skønhedens søstre så hende klædt ud som en prinsesse
and they were sickened with envy
og de blev syge af misundelse
now she was more beautiful than ever
nu var hun smukkere end nogensinde
her affectionate behaviour could not stifle their jealousy
hendes kærlige adfærd kunne ikke kvæle deres jalousi
she told them how happy she was with the Beast
hun fortalte dem, hvor glad hun var med udyret
and their jealousy was ready to burst
og deres jalousi var klar til at briste
They went down into the garden to cry about their misfortune
De gik ned i haven for at græde over deres ulykke
"In what way is this little creature better than us?"
"På hvilken måde er dette lille væsen bedre end os?"
"Why should she be so much happier?"
"Hvorfor skulle hun være så meget gladere?"
"Sister," said the older sister
"Søster," sagde den ældre søster
"a thought just struck my mind"
"en tanke slog mig lige"
"let us try to keep her here for more than a week"
"lad os prøve at holde hende her i mere end en uge"

"**perhaps this will enrage the silly monster**"
"måske vil dette gøre det fjollede monster rasende"
"**because she would have broken her word**"
"fordi hun ville have brudt sit ord"
"**and then he might devour her**"
"og så kan han fortære hende"
"**that's a great idea," answered the other sister**
"det er en god idé," svarede den anden søster
"**we must show her as much kindness as possible**"
"vi skal vise hende så meget venlighed som muligt"
the sisters made this their resolution
søstrene gjorde dette til deres beslutning
and they behaved very affectionately to their sister
og de opførte sig meget kærligt over for deres søster
poor Beauty wept for joy from all their kindness
stakkels skønhed græd af glæde af al deres venlighed
when the week was expired, they cried and tore their hair
da ugen var udløbet, græd de og rev deres hår
they seemed so sorry to part with her
de virkede så kede af at skille sig af med hende
and Beauty promised to stay a week longer
og skønhed lovede at blive en uge længere
In the meantime, Beauty could not help reflecting on herself
I mellemtiden kunne skønhed ikke lade være med at reflektere over sig selv
she worried what she was doing to poor Beast
hun bekymrede sig om, hvad hun gjorde ved det stakkels udyr
she know that she sincerely loved him
hun ved, at hun oprigtigt elskede ham
and she really longed to see him again
og hun længtes virkelig efter at se ham igen
the tenth night she spent at her father's too
den tiende nat tilbragte hun også hos sin far
she dreamed she was in the palace garden
hun drømte, hun var i slotshaven

and she dreamt she saw the Beast extended on the grass
og hun drømte, at hun så dyret udstrakt på græsset
he seemed to reproach her in a dying voice
han syntes at bebrejde hende med en døende stemme
and he accused her of ingratitude
og han anklagede hende for utaknemmelighed
Beauty woke up from her sleep
skønhed vågnede op af sin søvn
and she burst into tears
og hun brød ud i gråd
"Am I not very wicked?"
"Er jeg ikke meget ond?"
"Was it not cruel of me to act so unkindly to the Beast?"
"Var det ikke grusomt af mig at handle så uvenligt mod udyret?"
"Beast did everything to please me"
"dyr gjorde alt for at behage mig"
"Is it his fault that he is so ugly?"
"Er det hans skyld, at han er så grim?"
"Is it his fault that he has so little wit?"
"Er det hans skyld, at han har så lidt vid?"
"He is kind and good, and that is sufficient"
"Han er venlig og god, og det er nok"
"Why did I refuse to marry him?"
"Hvorfor nægtede jeg at gifte mig med ham?"
"I should be happy with the monster"
"Jeg burde være glad for monsteret"
"look at the husbands of my sisters"
"se på mine søstres mænd"
"neither wittiness, nor a being handsome makes them good"
"hverken vidnesbyrd eller et smukt væsen gør dem gode"
"neither of their husbands makes them happy"
"ingen af deres mænd gør dem lykkelige"
"but virtue, sweetness of temper, and patience"
"men dyd, sødme af temperament og tålmodighed"
"these things make a woman happy"

"disse ting gør en kvinde glad"
"and the Beast has all these valuable qualities"
"og udyret har alle disse værdifulde egenskaber"
"it is true; I do not feel the tenderness of affection for him"
"det er sandt; jeg føler ikke den ømhed af hengivenhed for ham"
"but I find I have the highest gratitude for him"
"men jeg synes, jeg har den største taknemmelighed for ham"
"and I have the highest esteem of him"
"og jeg har den højeste agtelse af ham"
"and he is my best friend"
"og han er min bedste ven"
"I will not make him miserable"
"Jeg vil ikke gøre ham ulykkelig"
"If were I to be so ungrateful I would never forgive myself"
"Hvis jeg skulle være så utaknemmelig, ville jeg aldrig tilgive mig selv"
Beauty put her ring on the table
skønhed satte sin ring på bordet
and she went to bed again
og hun gik i seng igen
scarce was she in bed before she fell asleep
knap var hun i seng, før hun faldt i søvn
she woke up again the next morning
hun vågnede igen næste morgen
and she was overjoyed to find herself in the Beast's palace
og hun var overlykkelig over at finde sig selv i udyrets palads
she put on one of her nicest dress to please him
hun tog en af sine pæneste kjoler på for at glæde ham
and she patiently waited for evening
og hun ventede tålmodigt på aftenen
at last the wished-for hour came
kom den ønskede time
the clock struck nine, yet no Beast appeared
klokken slog ni, dog dukkede intet dyr op
Beauty then feared she had been the cause of his death

skønhed frygtede da, at hun havde været årsagen til hans død
she ran crying all around the palace
hun løb grædende rundt i paladset
after having sought for him everywhere, she remembered her dream
efter at have søgt efter ham overalt, huskede hun sin drøm
and she ran to the canal in the garden
og hun løb til kanalen i haven
there she found poor Beast stretched out
der fandt hun det stakkels udstrakte dyr
and she was sure she had killed him
og hun var sikker på, at hun havde dræbt ham
she threw herself upon him without any dread
hun kastede sig over ham uden nogen frygt
his heart was still beating
hans hjerte bankede stadig
she fetched some water from the canal
hun hentede noget vand fra kanalen
and she poured the water on his head
og hun hældte Vandet over hans Hoved
the Beast opened his eyes and spoke to Beauty
udyret åbnede sine øjne og talte til skønheden
"You forgot your promise"
"Du har glemt dit løfte"
"I was so heartbroken to have lost you"
"Jeg var så knust at have mistet dig"
"I resolved to starve myself"
"Jeg besluttede at sulte mig selv"
"but I have the happiness of seeing you once more"
"men jeg har den lykke at se dig igen"
"so I have the pleasure of dying satisfied"
"så jeg har fornøjelsen af at dø tilfreds"
"No, dear Beast," said Beauty, "you must not die"
"Nej, kære dyr," sagde skønhed, "du må ikke dø"
"Live to be my husband"
"Leve for at være min mand"

"from this moment I give you my hand"
"fra dette øjeblik giver jeg dig min hånd"
"and I swear to be none but yours"
"og jeg sværger ikke at være andet end din"
"Alas! I thought I had only a friendship for you"
"Ak! Jeg troede, jeg kun havde et venskab til dig"
"but the grief I now feel convinces me;"
"men den sorg, jeg nu føler, overbeviser mig;
"I cannot live without you"
"Jeg kan ikke leve uden dig"
Beauty scarce had said these words when she saw a light
skønhed havde knap sagt disse ord, da hun så et lys
the palace sparkled with light
paladset funklede af lys
fireworks lit up the sky
fyrværkeri lyste himlen op
and the air filled with music
og luften fyldt med musik
everything gave notice of some great event
alt gav besked om en stor begivenhed
but nothing could hold her attention
men intet kunne holde hendes opmærksomhed
she turned to her dear Beast
hun vendte sig mod sit kære udyr
the Beast for whom she trembled with fear
dyret , for hvem hun skælvede af frygt
but her surprise was great at what she saw!
men hendes overraskelse var stor over, hvad hun så!
the Beast had disappeared
udyret var forsvundet
instead she saw the loveliest prince
i stedet så hun den dejligste prins
she had put an end to the spell
hun havde sat en stopper for fortryllelsen
a spell under which he resembled a Beast
en besværgelse, hvorunder han lignede et udyr

this prince was worthy of all her attention
denne prins var al hendes opmærksomhed værdig
but she could not help but ask where the Beast was
men hun kunde ikke lade være med at spørge, hvor udyret var
"You see him at your feet," said the prince
"Du ser ham for dine fødder," sagde prinsen
"A wicked fairy had condemned me"
"En ond fe havde fordømt mig"
"I was to remain in that shape until a beautiful princess agreed to marry me"
"Jeg skulle forblive i den form, indtil en smuk prinsesse sagde ja til at gifte sig med mig"
"the fairy hid my understanding"
"feen skjulte min forståelse"
"you were the only one generous enough to be charmed by the goodness of my temper"
"du var den eneste generøs nok til at blive charmeret af mit temperament"
Beauty was happily surprised
skønhed blev glad overrasket
and she gave the charming prince her hand
og hun gav den charmerende prins sin hånd
they went together into the castle
de gik sammen ind i slottet
and Beauty was overjoyed to find her father in the castle
og skønheden glædede sig over at finde sin far på slottet
and her whole family were there too
og hele hendes familie var der også
even the beautiful lady that appeared in her dream was there
selv den smukke dame, der dukkede op i hendes drøm, var der
"Beauty," said the lady from the dream
"skønhed," sagde damen fra drømmen
"come and receive your reward"
"kom og modtag din belønning"

"**you have preferred virtue over wit or looks**"
"du har foretrukket dyd frem for vid eller udseende"
"**and you deserve someone in whom these qualities are united**"
"og du fortjener nogen, i hvem disse kvaliteter er forenet"
"**you are going to be a great queen**"
"du bliver en stor dronning"
"**I hope the throne will not lessen your virtue**"
"Jeg håber, at tronen ikke vil mindske din dyd"
then the fairy turned to the two sisters
så vendte feen sig mod de to søstre
"**I have seen inside your hearts**"
"Jeg har set i jeres hjerter"
"**and I know all the malice your hearts contain**"
"og jeg kender al den ondskab dine hjerter indeholder"
"**you two will become statues**"
"I to bliver til statuer"
"**but you will keep your minds**"
"men du vil holde dit sind"
"**you shall stand at the gates of your sister's palace**"
"du skal stå ved porten til din søsters palads"
"**your sister's happiness shall be your punishment**"
"din søsters lykke skal være din straf"
"**you won't be able to return to your former states**"
"du vil ikke være i stand til at vende tilbage til dine tidligere stater"
"**unless, you both admit your faults**"
"medmindre I begge indrømmer jeres fejl"
"**but I am foresee that you will always remain statues**"
"men jeg er forudset, at I altid vil forblive statuer"
"**pride, anger, gluttony, and idleness are sometimes conquered**"
"Stolthed, vrede, frådseri og lediggang bliver nogle gange overvundet"
"**but the conversion of envious and malicious minds are miracles**"

" men omvendelse af misundelige og ondsindede sind er mirakler"
immediately the fairy gave a stroke with her wand
straks gav feen et slag med sin tryllestav
and in a moment all that were in the hall were transported
og i et øjeblik blev alle, der var i salen, transporteret
they had gone into the prince's dominions
de var gået ind i fyrstens herredømme
the prince's subjects received him with joy
prinsens undersåtter tog imod ham med glæde
the priest married Beauty and the Beast
præsten giftede sig med skønheden og udyret
and he lived with her many years
og han boede hos hende i mange år
and their happiness was complete
og deres lykke var fuldstændig
because their happiness was founded on virtue
fordi deres lykke var baseret på dyd

The End
Slutningen

www.tranzlaty.com

www.ingramcontent.com/pod-product-compliance
Lightning Source LLC
Chambersburg PA
CBHW012011090526
44590CB00026B/3974

* 9 7 8 1 8 3 5 6 6 9 7 0 9 *